AF588926

STÉNOGRAPHIE

DES COURS.

SEMESTRE D'ÉTÉ.

ANNÉE SCOLAIRE 1835—1836.

COURS

DE DROIT CIVIL.

M. DEMANTE, PROFESSEUR.

PREMIÈRE LEÇON.

25 avril 1836.

Nous avons examiné les causes de désaveu, par le mari, des enfans conçus pendant le mariage ou nés pendant le mariage; nous avons dit que le désaveu du mari ne pouvait être admis dans deux cas; d'abord, pour cause d'impuissance naturelle, ensuite, pour cause d'adultère, à moins que la naissance ne lui ait été cachée; nous avons dit aussi que ce désaveu pouvait être admis dans trois cas que nous vous avons indiqués.

La connaissance de ces règles nous amène à examiner le cas, prévu par l'art. 228, où la femme se serait remariée dans les dix mois de la dissolution du mariage précédent; on comprend les conséquences d'un mariage qui, contracté contrairement à la loi, peut amener des doutes sur la paternité. Si un enfant est né pendant le second mariage, dans le temps qui a couru depuis le 180e jour jusqu'au 300e jour depuis la dissolution du premier mariage, comment doit-on résoudre la question de paternité? Faut-il attribuer l'enfant au premier mari, comme ayant été conçu pendant le premier mariage, ou l'attribuer au second mari, comme conçu de ses œuvres avant le 180e jour qui a précédé la naissance. Je ne crois pas que cette question puisse soulever une difficulté sérieuse.

L'article 312 porte que l'enfant né pendant le mariage a pour père le mari. D'un autre côté, l'article 314 exprime certains cas où le mari peut désavouer l'enfant : il y a donc là des dispositions qui se contredisent; à laquelle faut-il s'attacher? Je crois qu'ici il faut adopter la présomption qui est la plus conforme à l'équité; la promptitude de la femme à contracter un second mariage est une grave présomption que l'enfant est conçu des œuvres du second mari, et qu'elle était déjà grosse au moment de la célébration du deuxième mariage. Ainsi, si l'enfant est né après le 180e jour qui a suivi le second mariage, il ne peut y avoir aucun doute : l'enfant appartient au second mari. S'il est né avant cette époque, c'est encore au second mari qu'il faut l'attribuer, jusqu'au désaveu du mari.

La paternité du second mari est beaucoup plus probable que celle du premier mari; surtout quand la femme s'est empressée de contracter un second mariage. Cette question ne m'embarrasse donc pas : si j'avais à la résoudre, je dirais que l'enfant appartient au second mari, à moins de désaveu de sa part, en prouvant l'adultère de la femme dans le cas où la naissance de l'enfant lui aurait été cachée, ou l'impossibilité physique de la cohabitation : si le désaveu était fait pour cause d'impossibilité physique de cohabitation, le mari n'aurait pas besoin de prouver que cette impossibilité a existé depuis le 180ᵉ jour jusqu'au 300ᵉ qui a précédé la naissance de l'enfant, mais seulement depuis la dissolution du premier mariage : car, qu'importerait la cohabitation avant cette époque, elle prouverait seulement que la femme s'est rendue coupable d'adultère pendant le premier mariage. Le mari n'aura donc qu'à prouver l'impossibilité physique de cohabitation, pendant le second mariage, pour être admis à désavouer l'enfant : il me semble que c'est ainsi que la loi doit être entendue.

Quelles sont les conséquences du désaveu? (art. 316 et suivans.) La loi donne au mari la présomption légitime de paternité; mais le mari peut désavouer; s'il est un mois sans former ce désaveu, ce silence de sa part équivaut à une reconnaissance de paternité, et le rend plus tard non recevable à désavouer.

Cependant, la loi fait une distinction entre le mari absent et le mari présent : s'il est présent, il a un délai d'un mois pour faire le désaveu ; s'il est absent, il a deux mois, quand la loi dit que le désaveu devra être fait dans le mois, c'est évidemment dans le mois de la naissance de l'enfant ; quand la loi dit que le mari aura deux mois pour désavouer, il faut pour qu'il jouisse de la faculté d'user de ce délai, qu'il prouve qu'il était absent ou que la naissance lui a été cachée, car ce délai ne court que du moment de la découverte de la fraude. Il est juste, en effet, de ne pas faire contre le mari une fin de non recevoir, de son absence : le délai ne court que du moment où il peut agir.

La loi ne fait courir ce délai que du jour où la fraude est connue ; il peut donc, dans certains cas, ne courir que dix ans après la naissance de l'enfant, et même deux mois encore après que le mari en aura eu connaissance. Si le mari est présent, il aura dû connaître la naissance. Voilà pourquoi la loi ne lui donne qu'un mois ; mais s'il était absent, il a deux mois pour réfléchir sur ce qu'il a à faire.

La loi dit : si le mari est absent : faut-il traduire cette expression par la signification légale du mot *absent*. Non, il faut entendre que le mari sera non présent, qu'il ne sera pas sur les lieux : c'est dans ce cas que la loi proroge le délai.

C'est au mari seul qu'appartient le droit de désaveu : car c'est de lui seul que dépend la question de savoir si un enfant peut ou non être considéré comme légitime ; mais il peut se trouver qu'il y ait d'autres personnes intéressées à désavouer l'enfant, et le silence du mari est-il une présomption de paternité qui doive leur fermer la bouche? Après la mort du mari, les héritiers ne peuvent former de désaveu, si le mari a laissé passer le délai fixé par la loi pour le faire : mais s'il est mort pendant ce délai, il n'a pas perdu le droit que lui conférait la loi, et les parties intéressées qui lui succèdent conservent le droit auquel il n'a pas renoncé (art. 317).

Dans ce cas, la loi leur accorde un nouveau délai de deux mois : c'est une action en désaveu qu'ils peuvent exercer, et non pas seulement une contestation de légitimité, qui ne peut avoir lieu que dans le cas des articles 312, 313 et 314.

De quelle époque court le nouveau délai de deux mois accordé aux héritiers? Il faut se rappeler que la loi accorde un délai d'un mois au mari, s'il est présent, et un délai de deux mois, s'il est absent, ou du jour où la fraude lui a été connue : mais, pour les héritiers, la loi leur accorde un délai de deux mois, à partir du jour où l'enfant aurait été mis en possession des biens du mari, ou à partir du jour où les héritiers du mari auraient été troublés par l'enfant dans cette possession (art. 317). Ils peuvent savoir que l'enfant est né trois cents jours après la dissolution du mariage ; ou qu'au moment de sa conception il y a eu impossibilité physique de cohabitation entre le mari et la femme, et cependant ce n'est pas du moment où ils ont acquis cette connaissance que la loi fait courir le délai; leur silence ne peut faire tirer contre eux aucune induction de renonciation au droit qu'ils ont de contester la légitimité de l'enfant.

Le délai court pour les héritiers du jour où l'enfant a été mis en possession des biens du mari, ou du jour où les héritiers ont été troublés dans leur possession par l'enfant, car l'enfant a pu posséder comme héritier; ou, s'il ne possède pas, il a pu troubler les héritiers dans leur possession. Comment a-t-il pu les troubler dans cette possession? Judiciairement ou extrajudiciairement, s'il intente contre eux une action; ou violemment, s'il agit par la force: c'est le trouble de droit ou le trouble de fait; le trouble de fait, c'est quand il y a violence: le trouble de droit, c'est quand il y a acte judiciaire ou extrajudiciaire, comme, par exemple, une sommation de délaisser les biens. C'est de ce moment que court le délai de deux mois accordé aux héritiers; s'ils laissent passer ce délai, ils sont plus tard non recevables à contester. Ce droit appartient aux héritiers du mari, dans les mêmes circonstances qu'il appartiendrait au mari lui-même, dans le cas d'impossibilité physique de cohabitation, et dans le cas d'adultère de la femme. Pour le cas d'impossibilité physique, quand elle est prouvée, il ne peut y avoir de contestation possible: mais pour le cas d'adultère, il y a une différence: le droit de dénoncer l'adultère appartient au mari seul, c'est ce qu'exprime formellement l'article 336 du code pénal; s'en suit-il que les héritiers ne puissent prouver l'adultère pour écarter un enfant illégitime? Je crois que ce serait à tort que l'on soutiendrait que ce droit appartient au mari seul, car la loi donne aux héritiers le droit de désavouer l'enfant dans le même cas qu'au mari: c'est à l'enfant à prouver sa légitimité; la position des héritiers est donc la même que celle du mari. Sans doute, leur demande ne peut avoir pour but de constater un délit et d'appeler une condamnation sur la femme adultère; l'action des héritiers n'autorise pas les poursuites du ministère public; mais ils peuvent désavouer un enfant pour l'écarter de la succession du mari.

La loi dit : *les héritiers du mari :* mais ces héritiers sont-ils les seuls qui puissent former un désaveu; n'est-il pas possible que le mari, par son testament, n'ait laissé des successeurs de son choix que la loi appelle légataires? Je sais que quelques légataïres ne sont pas des héritiers; mais on ne doit pas tellement prendre la loi à la lettre que l'on ne doive en général comprendre les légataires sous le titre d'héritiers. Le droit romain (ff. 170 *de verborum significatione*), décide que quand un droit appartient à des héritiers, il doit appartenir également à tous les successeurs; il faut donc reconnaître à temps les successeurs du mari, le droit qu'il avait lui-même, pourvu qu'ils l'exercent dans le délai fixé par la loi. La loi, sous le nom d'héritiers, n'a pas voulu comprendre tous les successeurs; mais il n'est pas nécessaire de succéder au mari pour intenter l'action en désaveu?

Ainsi, des héritiers présomptifs du mari, qui ont renoncé à sa succession; si cependant ils sont enfans du défunt, ne peuvent-ils pas avoir intérêt à contester la légitimité de l'enfant, car cet enfant est leur frère, et peut exercer des droits de famille? Faut-il dire par conséquent qu'il n'est pas nécessaire d'être héritier pour avoir le droit de contester, et que les parens du mari qui ont renoncé à la succession, peuvent avoir intérêt à cette contestation? Évidemment non : il est constant que, puisque le droit de désaveu n'est pas personnel au mari, et qu'il appartient à ses héritiers, s'il n'y a pas d'héritiers, il faut qu'il appartienne à quelqu'un; c'est aux légataires qu'il appartient, et s'il n'y a pas de légataires, c'est au curateur à la succession vacante. Les héritiers qui renoncent à la succession se privent donc du droit de désaveu : pour exercer ce droit, il faudrait donc accepter la succession; si cette succession est mauvaise, il y a un moyen de l'accepter sans danger, c'est de l'accepter sous bénéfice d'inventaire.

Nous avons parlé des parens du mari, les héritiers de la mère ont-ils également le droit de faire déclarer un enfant adultère? Nous avons vu que c'est au mari seul qu'appartient le droit de désaveu; s'il est mort sans réclamer, c'est à ses héritiers seuls que ce droit appartient; ce n'est pourtant pas que les héritiers de la femme n'aient un droit, car si l'enfant est adultérin, ils peuvent en cette qualité l'exclure de la succession de sa mère; mais pour le faire déclarer adultérin, il faut être du nombre des personnes à qui la loi donne ce droit. Or, c'est au mari seul et à ses héritiers qu'il appartient. Les héritiers de la femme ne l'ont donc pas, car la femme n'a pu le leur transmettre, elle n'a pas pu leur donner le droit d'intenter une action infamante pour leur auteur.

Ainsi, je n'accorde le droit de désavouer ni aux parens du mari, qui n'ont pas accepté sa succession, ni aux héritiers de la femme : je conçois que la première hypothèse puisse être sujette à contestation ; mais la seconde ne l'est pas.

Pour détruire la présomption de légitimité d'un enfant, il faut qu'un jugement prononce sur son état ; ce jugement doit être précédé d'une demande en justice. La loi a permis de former le désaveu par acte judiciaire ou par acte extrajudiciaire. L'acte extrajudiciaire diffère de l'acte judiciaire en ce que celui-ci tend à obtenir un jugement et que l'autre n'y tend pas. L'acte extrajudiciaire, c'est une sommation, une protestation; l'acte judiciaire, c'est un acte en forme, fait par le ministère d'un huissier, et par lequel on assigne à comparaître devant le tribunal. L'acte extrajudiciaire peut être une simple protestation, faite devant un notaire, pour contester la légitimité d'un enfant. Celui qui veut former un désaveu, aura accompli les exigences de la loi, s'il fait un acte extrajudiciaire dans le délai de deux mois dont nous avons parlé ; mais il ne faut pas que cet acte extrajudiciaire puisse être un moyen de tenir l'état de l'enfant dans l'incertitude, il faut qu'il soit suivi dans un second délai d'un mois d'un autre acte judiciaire (art. 318). La forme la plus régulière de former un désaveu, est de signifier, par un huissier, la protestation qu'on aura faite devant notaire; mais à qui sera faite cette signification? Il faudra que l'enfant soit pourvu d'un tuteur, car généralement il sera mineur; il est possible, cependant, qu'un homme ait été absent pendant 25 ou 30 ans, et qu'alors l'enfant qu'il voudra désavouer soit majeur : ce cas a échappé à la loi. Il est certain qu'alors il n'y aura pas besoin de lui nommer un tuteur, mais ordinairement l'enfant sera mineur, et il faudra lui nommer un tuteur *ad hoc* pour le représenter. On dira peut-être que la mère est tutrice naturelle, mais la position de la mère est trop délicate, elle a son propre honneur à défendre; il faut d'ailleurs lui réserver les moyens de faire défaut, si elle n'a rien de bon à dire pour sa défense, c'est pour cela qu'il faut à l'enfant un tuteur *ad hoc*. Du reste, comme la mère a elle-même un intérêt personnel, la loi dit que la demande sera formée en présence de la mère.

La loi n'a pas dit comment serait nommé ce tuteur; ordinairement le tuteur est nommé par le conseil de famille du mineur, qui se compose de trois parens, pris dans la ligne paternelle, et de trois parens pris dans la ligne maternelle; mais il s'agit ici d'une action intentée par le père, et les parens paternels doivent être intéressés à ce que l'enfant n'appartienne pas au père; il faudrait donc alors que le conseil de famille fût composé de parens maternels seulement, car il est évident que les parens paternels sont en opposition avec l'enfant; je crois donc que la loi aurait dû dire que les parens maternels concourront seuls à composer le conseil de famille; mais il serait mieux, dans ce cas, et même c'est un usage consacré, que ce fût le tribunal qui nommât le tuteur. Cela se fait dans d'autres cas, et notamment dans le cas où une expropriation forcée serait suivie contre une femme mineure (art. 2208).

La loi ne prescrit pas que le désaveu soit fait par acte extrajudiciaire, c'est seulement une faculté qu'il donne au mari pour lui laisser le temps de réfléchir sur ce qu'il a à faire, car s'il laissait passer le délai fixé par la loi pour le désaveu, sans faire d'acte extrajudiciaire, il serait plus tard regardé comme non avenu dans sa demande. L'acte extrajudiciaire doit être suivi d'un acte judiciaire; mais on peut aussi se borner à faire un acte judiciaire; dans ce cas, on hâte l'action de la justice,tout en se conformant à la loi: on peut donc indistinctement faire un acte judiciaire ou un acte extrajudiciaire.

Jusqu'à présent nous ne nous sommes occupés que de la filiation des enfans illégitimes. Nous passons maintenant au chapitre 2, qui traite des preuves de la filiation des enfans légitimes, et nous avons dit que les présomptions étaient une sorte de preuves.

Ce n'est pas sans intention que la loi a traité séparément les preuves et les présomptions de la paternité. Le chapitre 1er s'applique aux enfans issus de parens dont le mariage est prouvé; dans ce chapitre , la question est de savoir quel est le père ; et pour qu'il y ait lieu d'appliquer les règles que nous venons de poser , il faut seulement que la maternité ne soit pas contestée. Dans le chapitre 2 au contraire, l'enfant a besoin de prouver qu'il est né de tel père et de telle mère, et c'est là le cas des preuves de la filiation, dont parle ce chapitre.

Quelles sont les preuves légales de la filiation? Elles sont différentes pour les enfans légitimes et pour les enfans naturels ; aussi la loi en a-t-elle fait deux chapitres séparés; (chap. 2 et 3), et, pour le dire en passant, la filiation des enfans naturels s'établit par la déclaration du père.

Qu'est-ce que la légitimité? C'est un effet civil du mariage qui se prouve de la même manière que le mariage lui-même ; la loi suppose le mariage constant entre Pierre et Sophie; elle suppose dès lors que l'enfant de Pierre et de Sophie est légitime; mais si Pierre et Sophie n'étaient pas mariés, il n'y a plus alors en faveur de l'enfant qu'une filiation naturelle, et pour que cette filiation soit prouvée, il faudra une reconnaissance de l'enfant par le père. Au contraire, dans la légitimité, c'est-à-dire, dans le cas où le mariage est constant ou prouvé, celui qui se prétend fils légitime, aura à prouver sa filiation par son acte de naissance, et par sa possession d'état d'enfant légitime; c'est ce qu'on appelle réclamation d'état ou recherche de possession d'état.

L'acte de naissance se prouve par son inscription sur les registres de l'état civil; mais l'expression d'enfant légitime, portée dans cet acte, ne pourra pas induire en erreur; l'acte de naissance de l'enfant de Pierre et de Sophie ne suffira pas pour établir sa légitimité, car si on soutient que Pierre et Sophie n'étaient pas mariés, il faudra que l'enfant prouve le contraire, en rapportant l'acte de célébration du mariage de ses père et mère; cependant l'enfant n'est pas toujours forcé de rapporter cet acte de célébration de mariage; dans le cas, par exemple, où le père et la mère seraient morts, car s'ils vivaient, l'enfant pourrait leur dire : Où avez-vous été mariés? Mais si Pierre et Sophie sont décédés, quand même ils auraient vécu publiquement comme mari et femme, l'acte de naissance ne suffit pas pour prouver la légitimité, il ne prouve pas même la filiation ; car c'est l'acte de mariage qui prouve la légitimité, et l'acte de naissance ne fait foi de la filiation que quand le mariage est prouvé.

Est-ce à dire pour cela que le premier venu ira lever l'acte de naissance de l'enfant de Pierre et de Sophie, pour s'introduire dans une famille à laquelle il n'appartient pas; lui suffira-t-il pour cela, de cet acte de naissance? non, car l'acte de naissance ne justifie pas la filiation : on viendra dire à cet individu que cet acte de naissance n'est pas le sien, c'est à lui de prouver le contraire. Comment pourra-t-il le prouver? Par la possession d'état qui remplace dans certains cas l'acte de naissance; et s'il n'a pas de possession d'état, il faut qu'il prouve par témoins son identité avec son acte de naissance. Ainsi, comme vous le voyez, la position est différente entre celui qui se prétend fils de Pierre et de Sophie, en rapportant un acte de naissance, et celui qui ne peut en représenter.

Celui donc qui a tout à la fois la possession d'état et l'acte de naissance, jouit d'un double titre; mais s'il n'a pas de possession d'état, il faut qu'il prouve son identité, soit par des témoignages, soit par des présomptions.

Il faut que les actes de naissance soient inscrits sur les registres de l'état civil; mais si un acte de naissance est sur une feuille volante, ne doit-il pas avoir une certaine valeur, et ne peut-il pas être pris en considération? c'est une question anticipée que nous examinerons plus tard.

L'acte de naissance est fait sur la déclaration du père, ou de l'accoucheur, ou de la sage-femme; il n'est qu'un aveu, qu'une reconnaissance de la part du père; on accorde ordinairement une grande confiance à cet acte, parce qu'il est rédigé sur la déposition de témoins, sur des témoignages qui sont voisins du fait que l'on vient attester; le code n'a fait d'ailleurs que consacrer à cet égard ce qui existait antérieurement : mais l'acte de naissance ne fait preuve que de la filiation, et pas autre chose, et il en fait preuve, jusqu'à preuve contraire. Cette preuve contraire doit-elle se faire par l'inscription de faux? L'article 319 ne dit pas que l'acte de naissance fera preuve jusqu'à inscription de faux; faut-il donc recourir à cette inscription de faux pour faire la preuve contraire? je ne le crois pas. Je crois qu'il ne faut recourir à l'inscription de faux que lorsqu'il y a eu un faux commis. Si l'on déclare faussement que l'enfant de Paul est celui de Pierre, il y a faux; mais ce faux n'est pas de ceux qui sont punis par les articles 145 et suivans du code pénal: c'est un faux témoignage qui est puni de peines portées dans l'article 345 du même code; il n'entraîne pas la peine des travaux forcés, mais seulement la réclusion (art. 363 code pénal). Il n'y a donc pas lieu à inscription de faux contre l'acte de naissance : cet acte fait foi, et celui qui le produit n'a rien à prouver, l'acte de naissance fait foi jusqu'à preuve contraire; mais non pas jusqu'à inscription de faux.

DEUXIÈME LEÇON.

27 avril 1836.

Dans la dernière séance nous avons parlé des preuves de la filiation des enfans légitimes; ces preuves sont : 1° l'acte de naissance; 2° la possession d'état; 3° la preuve testimoniale. L'acte de naissance prouve la filiation, mais non la légitimité. La filiation elle-même se prouve en établissant l'identité de l'enfant dénoncé dans l'acte avec la personne qui le représente. La possession d'état se prouve par témoin. Quand il n'y a ni titre ni possession d'état, la preuve testimoniale ne peut être admise qu'autant qu'il y a un commencement de preuve par écrit. Nous avons dit aussi que l'acte de naissance faisait foi, jusqu'à inscription de faux : s'il n'y a dans cet acte qu'une déclaration mensongère, il n'y a pas faux dans le sens du code pénal, et il n'y a pas lieu à inscription de faux.

Quelles sont les conditions exigées par la loi pour que l'acte de naissance puisse avoir les effets que lui attribue l'art. 319? Il faut qu'il soit inscrit sur les registres de l'état civil; s'il n'est inscrit que sur une feuille volante, je n'hésite pas à penser qu'il sera toujours un commencement de preuve par écrit, et qu'il devra être considéré comme un document qui autorisera la preuve par témoins. Il faut que l'acte de naissance contienne une énonciation certaine du père et de la mère : suffit-il que cet acte contienne l'énonciation de la mère, si la mère est mariée, pour que, dans ce cas, il y ait présomption de paternité en faveur du mari (312)? Cela ne peut faire de doute : mais allons plus loin. Il est possible que l'enfant soit déclaré né d'une mère mariée et d'un père inconnu; ou d'une mère mariée et d'un père autre que le mari : cette question est grave : avant d'examiner les principes du droit, voyons quelles sont les règles de la raison : est-il possible qu'un enfant ait pour père le mari, quand on déclare dans l'acte de naissance qu'il est né d'un père inconnu, ou d'un père autre que le mari? Si on admet le principe qu'en présence d'un tel acte, la présomption de la loi doit prévaloir, dans quatre-vingt dix-neuf fois sur cent, la loi donnera raison à la justice; mais il y a de graves raisons de douter que l'enfant soit le père du mari, quand on le déclare né d'un père inconnu ou d'un père autre que le mari.

Tout cela n'est pas du droit, mais le droit est formel : l'article 312 dit que l'enfant conçu pendant le mariage a pour père le mari : cette disposition de la loi dispense de toute autre preuve, et n'admet que le désaveu du mari dans les circonstances que la loi a fixées.

Dans un acte de naissance tel que celui dont nous parlons, la maternité est-elle constante, si la mère y est désignée par son nom de famille? Je dis que cet acte, non seulement ne prouve pas la paternité, mais qu'il ne prouve même pas la maternité; il ne peut pas servir de commencement de preuve par écrit; ainsi, quand même une femme serait déclarée comme la mère de l'enfant, cette déclaration ne peut faire foi de la maternité.

Si cet acte ne prouve pas la maternité, il ne peut dès lors prouver la paternité; ce sont les conséquences incontestables de l'article 319 qui indique comme père et mère, le mari et la femme.

Cependant s'il n'y avait dans l'acte qu'une omission, si la mère y était régulièrement indiquée sous son nom de fille et sous son nom de femme mariée, et que rien cependant n'indiquât la paternité, l'indication de la mère ferait implicitement présumer la paternité du mari : toutefois ce point même a été contesté. Mais si l'acte dit que le père est inconnu, cette déclaration est un démenti donné à la présomption de paternité, par ceux qui ont déclaré la naissance de l'enfant: et cette déclaration est-elle vraie en ce qui concerne la mère, quand elle est fausse à l'égard du père? Il est permis d'en douter : ou les témoins ont fait une déclaration vraie, ou ils ont fait une déclaration fausse. S'ils ont fait une déclaration vraie, quelles en seront les conséquences? que l'enfant sera un enfant adultère; à plus forte raison en sera-t-il de même, si le père est autre que le mari; l'enfant sera également adultérin; ou la déclaration des témoins sera fausse, et elle ne pourra pas même faire foi en faveur de la maternité.

Il faut donc entendre la loi qui dit que la filiation des enfans légitimes se prouve par l'acte de naissance, dans ce sens que cet acte sera fait dans la forme voulue par la loi : s'il n'est pas fait dans cette forme, si on y déclare un père inconnu, ou un père autre que le mari, cet acte ne peut donner à l'enfant les droits d'enfant légitime, il ne peut prouver sa filiation ; il y a plus, il ne peut même prouver la maternité. Cette doctrine est fondée tout à la fois sur la raison et sur une argumentation tirée des principes du droit. C'est par cette doctrine qu'on peut justifier un arrêt de la Cour de cassation, du 15 juillet 1809, dans les circonstances suivantes : Une fille avait été inscrite sur les registres de l'état civil, sous le nom d'enfant de la fille Thuret, non libre, sans indication du père : cette fille soutenait que sa mère (la fille Thuret) était mariée au sieur Gosse, et elle se prétendait fille de Gosse ; la Cour royale de Paris a rejeté sa demande ; il est vrai qu'elle s'est appuyée sur un moyen que je ne crois pas bon : elle a décidé que la réclamante n'avait pas une possession d'état d'enfant légitime, et que c'était le cas d'appliquer l'article 322 ; il y a eu pourvoi contre cet arrêt, et la Cour de cassation, se fondant sur les articles 312 et 319, a rejeté ce pourvoi.

Il existe une foule d'autres arrêts qui ont consacré la même doctrine, que l'enfant d'une femme mariée, né d'un père inconnu, ne pouvait pas réclamer les droits d'un enfant légitime, lors même que la maternité n'était contestée par personne. Quant à moi, si l'on me demandait comment il faut s'y prendre pour faire rejeter une semblable prétention, je conseillerais de commencer par contester la maternité, afin de forcer l'enfant à faire la recherche de la maternité, parce que la maternité ne peut se prouver que quand l'acte de naissance est conforme à la loi; car l'acte de naissance n'a qu'une force conventionnelle, et on ne peut l'admettre comme preuve, que lorsqu'il est régulier et conforme à la loi.

Et en effet, pourquoi ajouterait-on foi à cet acte? car s'il est faux sur un point, il peut l'être sur un autre; et dans ce cas, ce n'est pas l'article 319 qui est applicable, c'est l'article 323.

Nous venons d'établir que le premier genre de preuve est l'acte de naissance, le second genre de preuve, c'est la possession d'état.

Celui qui agit en qualité de propriétaire d'un bien, si on lui conteste son droit, doit en donner la preuve; de même, en l'absence du titre, c'est-à-dire, de l'acte de naissance, l'enfant doit prouver sa possession d'état. Qu'est-ce que c'est que la possession d'état (321)? C'est la réunion de plusieurs faits qui indiquent les rapports de filiation et de parenté entre un individu et la famille à laquelle il prétend appartenir. La loi est très-significative; la possession d'état s'établit par la réunion de trois circonstances: il faut que l'enfant porte le nom du père; il ne suffit pas qu'il porte son nom, car les enfans naturels peuvent aussi porter le nom de leur père, il faut que le père l'ait traité comme son enfant légitime; enfin qu'il ait été reconnu comme tel dans la famille et dans la société. C'est ce qu'on explique par trois mots : *Nomen, Tractatus, Fama. Nomen*, qu'il porte le nom du père; *Tractatus*, que le père l'ait traité comme son enfant; *Fama*, qu'il ait passé pour tel dans la société, dans la famille et auprès de ceux qui auraient eu intérêt à contester sa filiation.

Mais ces faits peuvent être vrais ou contestés; s'ils sont contestés, comment peut-on les prouver; s'ils ne sont pas contestés, doit-on les regarder comme constans?

Un fait constant n'est pas un fait qui vient d'être prouvé, c'est un fait persévérant, qui n'a pas cessé d'un instant, qui a été continuel; ainsi, il faut que l'enfant ait *toujours* porté le nom de son père; il faut que le père l'ait *toujours* traité comme son enfant; il faut enfin que l'enfant ait *toujours* passé pour tel dans la famille et dans la société.

Si ces faits sont déniés, l'enfant est admis à les prouver; la loi ne dit pas comment se fera cette preuve; il résulte du silence de la loi que cette preuve peut se faire par tous les moyens légaux, et au nombre de ces moyens, la loi met la preuve testimoniale. Nous avons vu cependant que la preuve testimoniale n'était pas admise, quand il n'y avait pas un commencement de preuve par écrit; cela est vrai, mais seulement quand on a dû se procurer un commencement de preuve par écrit. Ce qui constate la possession d'état, ce sont les faits, et si ces faits sont contestés, ils peuvent être prouvés par toutes sortes de moyens.

Pour obtenir une possession d'état complète, faut-il la réunion simultanée de toutes les circonstances énoncées dans l'article 321 ? Je crois que c'est au juge à apprécier si cette réunion est nécessaire ; la loi énonce le principe, mais on doit l'interpréter raisonnablement ; car il peut arriver que la réunion de ces trois circonstances soit impossible. Ainsi, l'enfant d'un homme qui sera mort avant sa naissance, pourra bien faire valoir qu'il porte le nom de son père, et qu'il a été reconnu pour son fils dans la société et dans la famille, mais comment pourra-t-il prouver que son père l'a traité comme son enfant, puisque son père sera mort avant sa naissance ? On ne peut donc toujours exiger la réunion des trois circonstances.

Mais si dans l'hypothèse où cette réunion de circonstances pouvait avoir lieu, elle n'existait pas, alors la possession d'état ne serait pas complète ; dans le cas, par exemple, où l'enfant n'aurait pas passé pour tel dans la société ou dans la famille ; toutefois, la loi n'est pas conçue en termes formels : elle laisse au juge à apprécier les faits.

L'acte de naissance prouve donc la filiation : si cette filiation est contestée, il faut prouver l'identité : à défaut d'acte de naissance, la possession d'état prouve la filiation, et il vaut mieux avoir la possession sans le titre, que le titre sans la possession, car dans ce dernier cas il faut prouver l'identité.

Nul ne peut réclamer un état contraire à son acte de naissance; la loi ne suppose pas la fraude, mais ne peut-il pas arriver qu'un homme et une femme riches et n'ayant pas d'enfans, déterminent une pauvre femme enceinte à consentir à ce que son enfant soit inscrit comme étant né d'eux; cet enfant dès lors aura le nom et la possession d'état; et cependant ce nom et cette possession d'état lui donneront un titre contraire à la vérité. Mais il ne faut pas que le plus grand nombre se trouve exposé à des contestations, parce que quelques individus isolés auront commis une fraude.

Au reste il faut faire la part de l'article 322; quand les tribunaux auront à juger des questions d'état, ils devront examiner s'il y a titre et possession d'état, et quand même il y aurait simulation, il peut y avoir quelque raison de maintenir dans son état celui qui a le titre et la possession; je crois que même quand la fraude viendrait à être découverte, il ne faudrait pas moins appliquer la loi. Car le titre et la possession d'état opposent une fin de non recevoir invincible. Prenons garde d'ailleurs que cet article ne s'applique en rien à la légitimité, et qu'il n'a rapport qu'à la filiation, et que les questions d'état ne peuvent s'élever que sur la filiation.

Nous avons examiné successivement trois hypothèses : le titre sans la possession, la possession sans le titre; le titre et la possession réunis. Venons maintenant à une autre hypothèse : celle où il n'y a ni titre ni possession, c'est-à-dire, celle où l'enfant est né de père et de mère inconnus, et où par conséquent il n'a pas d'état de famille, et pas de titre établissant sa filiation. Est-ce à dire pour cela qu'il ne pourra pas prouver qu'il est issu du mariage de telle et telle personne : on ne peut admettre ce système, car l'article 323 donne à l'enfant le droit de former une demande en réclamation d'état ; mais cette preuve ne peut être admise qu'autant qu'il y a un commencement de preuve par écrit.

La loi présente une autre hypothèse : celle où un enfant a été inscrit sous de faux noms, par exemple, s'il a été déclaré l'enfant de Paul et de Julie, tandis qu'il était l'enfant de Pierre et de Sophie. Dans ce cas son acte de naissance indique le père et mère ; il a une possession d'état ; il ne peut réclamer, car, son acte de naissance fait foi contre lui. L'énonciation d'un faux nom peut-elle autoriser la preuve : cette question selon moi n'en est pas une ; l'enfant qui a le titre et la possession ne peut pas être admis en réclamation d'état, en faisant déclarer faux le nom sous lequel il a été inscrit ; car, son titre s'y oppose, et l'enfant rentre dans le cas prévu par l'article 322 ; il ne peut réclamer d'autre état que celui que lui donne son titre, et cet article exclut sa prétention d'être inscrit sous un faux nom.

Toutefois il peut arriver que la possession d'état étant conforme en apparence à l'acte de naissance, l'acte de naissance contienne, non pas seulement une déclaration mensongère, mais un véritable faux : Si par exemple les registres ont été raturés pour y substituer une mention à une autre ; dans ce cas l'enfant sera-t-il admis à prouver le faux matériel? Je pense que l'article 322 ne doit pas être un obstacle à la prétention de l'enfant qui soutient le faux; il y a une différence entre ce cas et celui d'une simple déclaration mensongère : dans ce dernier cas, l'acte de naissance oppose une fin de non recevoir invincible.

Cette doctrine est conforme à un arrêt de la cour de cassation, du 12 juin 1823, qui a décidé qu'il n'y avait pas faux, par le seul fait d'une déclaration mensongère, et que dès lors on n'était pas admis à attaquer un acte de naissance, quand la possession d'état était conforme à cet acte.

Nous avons dit que dans certains cas la preuve testimoniale était admise, mais avec certaines restrictions, par exemple, quand il y a un commencement de preuve par écrit; parce que malheusement la preuve testimoniale est souvent suspecte : la loi exige toujours un commencement de preuve par écrit, à moins qu'il ne soit pas possible de se la procurer : ce ne sera pas en effet la faute de l'enfant, s'il ne peut pas produire son acte de naissance, c'est donc un redoublement de sévérité de la part de la loi, que ce commencement de preuve par écrit : mais ce n'est pas une règle invariable. La loi dit seulement que lorsque l'on a dû se procurer un commencement de preuve par écrit et qu'on ne le produit pas, la preuve testimoniale est inadmissible; mais s'il s'agit d'un fait dont il est impossible de donner la preuve par écrit, la loi fait une exception;

elle exige alors un autre commencement de preuve, c'est-à-dire, des présomptions ou des indices graves : le premier genre de preuves est conforme aux anciens principes du droit, et ne saurait être contesté : mais le second peut être quelquefois sujet à contestation.

Quelles sont ces présomptions ou ces indices dont parle la loi ? Il peut y avoir des rapprochemens de circonstances qui peuvent dispenser de la preuve par écrit: par exemple une femme aura été enceinte à l'époque à laquelle se rattache la naissance d'un enfant. Il sera constant qu'elle est accouchée, et que son enfant aura été, au moment même de sa naissance, emporté à la campagne et que l'on n'aura plus entendu parler de lui. Voilà un commencement de preuve de la nature de celles exigées par l'article 323.

Qu'est-ce au contraire qu'un commencement de preuve par écrit? La loi considère comme preuve écrite les titres, les obligations et en général tous les actes émanés de l'adversaire. Ainsi on regarde comme preuve les écrits, les lettres, les papiers de famille émanés de personnes intéressées à contredire : nous disons *intéressées à contredire*, parce que si ces personnes avaient le même intérêt que le réclamant, les écrits émanées d'elles ne pourraient êtreadmis comme commencement de preuve par écrit. La loi veut toujours que l'écrit que l'on invoque comme commencement de preuve, émane du père ou de la mère, comme étant intéressés à contester la réclamation d'un enfant qui prétend leur appartenir. Il n'est pas nécessaire que ce soit un acte public ou privé émané du père ou de la mère; les lettres mêmes peuvent être considérées comme commencement de preuve par écrit. La raison dit bien que tout écrit quelconque devrait servir de commencement de preuve; mais la loi exige plus; l'écrit qui doit servir de preuve doit remplir toutes les conditions voulues par la loi : il doit être émané de personnes engagées dans la contestation et ayant un intérêt opposé à celui de l'enfant qui réclame.

L'article 324 soulève une question grave; on a demandé si la nécessité de fournir un commencement de preuve par écrit est applicable au cas prévu par l'article 46 où les registres d'une commune auront été détruits ou quand il n'y aura pas eu de registres. Vous avez vu que la preuve de la perte ou de la non-existence des registres peut se faire par témoins; il s'en suivrait donc que si les registres d'une commune étaient perdus, et que dans ce cas l'enfant ne pût pas représenter les actes dont il voudrait se servir comme preuve écrite, la réclamation de cet enfant devrait être admise sans commencement de preuve par écrit. Il n'en est pas ainsi, l'article 323 ne fait aucune exception pour le cas que nous supposons.

Il y a à cet égard un arrêt de la Cour de cassation qui a consacré cette doctrine : il est vrai que dans cet arrêt il n'était pas question de filiation, mais de naturalisation. La loi a établi des règles spéciales pour les réclamations d'état; mais elle ne fait pas d'exception pour le cas de l'article 46.

Cependant je crois que dans ce cas la raison doit être d'accord avec la loi. Si donc les registres ont été perdus et qu'on ne puisse représenter les actes qui serviraient de commencement de preuves, je pense qu'on peut, sans violer la loi, admettre, comme commencement de preuve, les registres de famille, les écrits, les lettres trouvées au domicile du père et de la mère, et écrites par des personnes étrangères. Je sais que d'ordinaire on n'agit pas ainsi ; je sais que ces sortes d'écrits ne peuvent pas ordinairement servir de commencement de preuves, mais je crois que dans ce cas les registres ou livres des père et mère décédés pourraient suffire pour faire admettre la preuve testimoniale ; je crois que les juges devraient regarder ces preuves écrites comme suffisantes pour autoriser ensuite la preuve par témoins.

TROISIÈME LEÇON.

29 avril 1836.

Nous avons dit qu'au nombre des preuves de la filiation, se trouvait la preuve par témoins; l'enfant peut donc faire entendre des témoins pour prouver sa filiation, c'est-à-dire, il peut provoquer une enquête; mais la preuve contraire, ou la contre-enquête, est de droit; elle tend à faire contredire les dépositions des témoins, par les dépositions de témoins opposés. Elle se fait par tous les moyens propres à repousser ce que le demandeur veut établir; c'est-à-dire, à prouver que l'enfant qui réclame, n'est pas le fils de la mère ou du père auxquels il prétend appartenir, ou que ses père et mère n'étaient pas mariés. (325).

La seconde partie de l'article 325 mérite d'arrêter notre attention : cet article porte que « la preuve contraire pourra se faire par tous les moyens propres à établir que le réclamant n'est pas l'enfant de la mère qu'il prétend avoir, ou même, la maternité prouvée, qu'il n'est pas l'enfant du mari de la mère. » On conçoit la première partie de cet article; car un enfant peut être mort au moment de sa naissance et un autre enfant peut lui avoir été substitué ; mais, pour le père, il semble au premier aspect, que la même difficulté ne peut pas se présenter. Un enfant prétend appartenir à des parens mariés : il se prétend fils de Pierre et de Sophie, et il prétend que Pierre et Sophie étaient mariés ; mais on pourra prouver, peut-être, qu'il est enfant de Sophie, et non de Pierre. Cependant l'article 312 est formel ; l'enfant conçu pendant le mariage a pour père le mari. Sur cette question les jurisconsultes sont divisés d'opinion. Que veut dire la loi par ces mots: Le mari de la mère? Est-ce que l'article 312 n'attribue pas la paternité au mari? La loi a-t-elle voulu parler dans l'article 325 du désaveu qui appartient au père, quand il peut prouver qu'il y a eu impossibilité physique de cohabitation entre lui et sa femme, ou que la naissance de l'enfant lui a été cachée, et qu'il y a eu adultère? Est-ce là ce qu'entend la loi? Non, ce n'est pas ainsi que la loi s'exprime : si la loi n'avait voulu parler que du désaveu accordé au père dans le cas des articles 312 et 313, elle n'aurait pas dit que la preuve contraire pouvait se faire par *tous les moyens propres* à établir que l'enfant n'appartient pas au père auquel il prétend appartenir : si la loi avait voulu restreindre cette preuve aux cas prévus par les articles cités, elle n'aurait pas dit : *par tous les moyens propres*; mais elle aurait réservé les droits énoncés dans les articles 312, 313 et 317. Elle a donc exclu cette idée, parce qu'elle a pensé qu'il y avait d'autres moyens d'établir, dans la conscience d'un juge éclairé, qu'un enfant n'est pas le fils du père auquel il prétend appartenir. La loi ne restreint pas cette preuve au droit de désaveu accordé au mari ou à ses héritiers.

Mais, dira-t-on, pourquoi la présomption de paternité aura-t-elle moins de force dans ce cas que dans l'article 312? L'article 323 admet également cette présomption; car si l'enfant fournit la preuve matérielle qu'il est le fils d'une femme mariée, par cela seul, la présomption de paternité du mari sera en sa faveur; mais cette preuve peut être détruite par tous les moyens propres à établir que l'enfant n'est pas l'enfant du mari.

Supposons que la maternité ne soit pas contestée, et que l'acte de naissance ait attribué à l'enfant le mari pour père : dans ce cas, la présomption ne peut être détruite que par le désaveu; parce que, sur le fait constant de la maternité d'une femme mariée, la loi établit la présomption de paternité en faveur du père. Si au contraire il n'y a ni titre, ni possession d'état, la preuve testimoniale peut conduire à la maternité, cela est vrai, mais cette preuve n'offre pas un grand degré de certitude : s'il n'y a ni titre ni possession d'état, il y a une sorte de désaveu de la paternité : car si l'enfant était légitime, comment n'en aurait-il pas le titre et la possession d'état; et n'est-il pas possible qu'on ait dissimulé l'état de l'enfant pour l'empêcher plus tard de rechercher sa filiation ? Ainsi, quand bien même la maternité serait constante, il ne s'en suivrait pas que la paternité le fût également. Voilà je crois la seule manière d'interpréter l'article 323.

Pour prouver que l'enfant n'est pas l'enfant du mari, la loi donne au mari ou à ses héritiers le droit de désaveu, pourvu que ce désaveu soit formé dans un certain délai; tandis que la réclamation d'état d'un enfant peut être contestée par les héritiers du mari, dans le délai de deux mois à partir du trouble apporté par l'enfant à leur possession. En outre, le droit de désaveu appartient au mari ou à ses héritiers; et s'il peut y avoir quelque doute sur la question de savoir si l'action en désaveu peut être exercée par les héritiers du mari, il ne peut jamais y en avoir à l'égard des héritiers de la femme, qui ne peuvent désavouer l'enfant qui a le titre et la possession d'état d'enfant légitime. Si l'enfant n'a ni titre ni possession, toute partie intéressée pourra contester qu'il soit l'enfant de la femme à laquelle il prétend appartenir, mais s'il prouve qu'il est l'enfant de cette femme, les héritiers seuls du mari pourront prouver qu'il n'est pas l'enfant du mari, soit en prouvant l'impossibilité physique de cohabitation entre le mari et la femme, soit par tout autre moyen.

L'article 325 semble donc s'appliquer seulement au cas où un enfant n'a ni titre ni possession d'état : s'il a le titre et non la possession, ou la possession et non le titre, on pourra lui contester son état : s'il réunit le titre et la possession, il rentre dans le cas prévu par l'article 322. Si l'enfant représente un acte de naissance régulier, je ne crois pas que l'on puisse contester la pàternité; car si dans cet acte la maternité est énoncée, on ne pourrait contester la paternité, que dans le cas prévu par l'article 312. Ce n'est pas là le cas de l'article 325 : cet article prévoit le cas où l'enfant n'aurait ni titre ni possession; c'est alors seulement qu'il est permis de contester par tous les moyens possibles que l'enfant n'est ni l'enfant du père, ni l'enfant de la mère à la quelle il prétend appartenir.

La réclamation d'état peut avoir également lieu quand, à défaut de titre et de possession d'état, on pourra prouver qu'un crime a été commis pour faire disparaître un enfant; car il y aura alors suppression d'état. Il y aura encore suppression d'état ou attribution d'un autre état, en attribuant l'enfant de Pierre et Sophie, par exemple, à Paul et Julie; mais il n'y a pas suppression d'état, en attribuant à une femme un enfant dont elle n'est pas accouchée : il n'y a là qu'un faux témoignage, qui entraîne la peine de la réclusion.

Il s'élève ici la question de savoir s'il ne faut pas d'abord faire juger par les tribunaux criminels, la question de suppression d'état. La loi dit (326) que les tribunaux civils sont seuls compétens pour statuer sur les réclamations d'état. Ainsi on ne pourrait saisir les tribunaux criminels d'une semblable demande, il faut d'abord la faire juger par les tribunaux civils (327). La réclamation d'état doit donc être d'abord jugée par les tribunaux civils, avant que les tribunaux criminels puissent connaître du crime qui a donné lieu à cette réclamation. Une semblable disposition renverse toutes les idées reçues; car, dans les cas ordinaires, quand il y a un crime commis, le ministère public doit poursuivre de suite le coupable devant les tribunaux criminels, et la partie lésée peut se porter partie civile, pour exiger la réparation du dommage qui lui a été causé. Ici c'est tout différent; c'est en vain que le ministère public voudra poursuivre le crime, il ne le pourra pas, son action sera paralysée, jusqu'après le jugement définitif du tribunal civil : si l'instance criminelle est entamée pendant l'instance civile, elle sera suspendue jusqu'à la décision des juges civils. Cette doctrine a eu de la peine à s'établir, elle a été combattue par un jurisconsulte célèbre, Merlin, qui, étant procureur général à la Cour de cassation, soutenait que la réclamation d'état, devant les tribunaux civils, n'était que l'accessoire de l'action criminelle. Contrairement à ses conclusions, la Cour de cassation a décidé, par de nombreux arrêts, que l'action criminelle était suspendue jusqu'au jugement de l'action civile : cette jurisprudence est constante aujourd'hui, et les termes de la loi doivent être pris à la lettre : l'action publique ne peut s'exercer que lorsque les juges civils ont prononcé. Les termes de la loi sont constants, il ne faut donc pas leur chercher une autre explication, mais cette exception au droit commun, est la seule qui existe.

Nous avons vu qu'au civil, la preuve par témoins peut se faire, mais avec quelques restrictions, par exemple, quand il y a un commencement de preuve par écrit; au criminel, la preuve testimoniale est admise dans tous les cas, seulement les tribunaux criminels ne peuvent statuer sur la suppression d'état d'un enfant, que lorsque les tribunaux civils ont statué sur sa demande en réclamation d'état. Il en est autrement pour constater un mariage: dans ce cas, on entend des témoins, sans qu'il y ait auparavant des preuves écrites, parce que le mariage est un fait positif, constant, parce que les témoins ont pu voir les époux se marier tel jour, à telle heure. Dans le cas de réclamation d'état au contraire, tout est obscur, tout est incertain : voilà pourquoi la loi a voulu que la preuve testimoninale fût précédée de preuves écrites.

Il faut prendre garde d'interpréter l'article 327 d'une manière trop étendue. Je crois que si une action en suppression d'état est portée devant les tribunaux criminels, avant de l'être devant les tribunaux civils, l'article 345 du code pénal qui prononce la peine de la réclusion dans ce cas, devra être appliqué. Je crois aussi que la suppression des registres, la falsification, sont des crimes qui doivent être punis. Mais s'il manque à un registre deux ou trois feuillets, le ministère public devra-t-il poursuivre, alors même qu'il n'y aurait pas de demande formée en réclamation d'état? Voilà la doctrine portée à son plus haut point. Je crois que la loi n'a voulu punir le délit de suppression d'état que lorsqu'il y a réclamation; et que le ministère public qui poursuivrait un individu qui aurait arraché quelques feuillets d'un registre des actes de naissances, serait non recevable, s'il poursuivait sur le motif que cette altération de registres compromet l'état des partiticuliers, alors qu'il n'y aurait aucune réclamation. S'il s'agit d'une lacération matérielle du registre, on ne peut poursuivre pour crime de suppression d'état; et c'est alors que l'action du ministère public devrait être paralysée. Je comprends que la loi qui suspend l'action criminelle pour une suppression d'état, jusqu'au jugement civil, autorise la poursuite pour lacération du registre, avant toute action au civil : s'il y a falsification dans l'intention de supprimer l'état d'un enfant, on rentre dans les termes de l'article 327; si le délit n'a pas de rapport à la suppression d'état, l'action du ministère public doit être exercée immédiatement. Ces doctrines sont parfaitement conformes à la jurisprudence Enfin, il peut encore se présenter un autre cas : celui, par exemple, où Titius aurait la possession d'état; il n'aurait donc pas besoin de la réclamer, quand même les registres auraient été falsifiés ou lacérés; mais il ne faut pas dans ce cas que le silence de Titius paralyse la poursuite du ministère public.

L'action en réclamation d'état est imprescriptible à l'égard de l'enfant (328). Il s'agit en effet, dans ce cas, d'une question d'ordre public, sur laquelle on ne peut jamais transiger; jamais, dans ce cas, l'enfant ne peut être déclaré non recevable dans sa réclamation. On comprend dès-lors qu'on ne peut induire du long silence de l'enfant une renonciation à son droit. En général, la prescription est censée la reconnaissance de la non-existence d'un droit, ou la renonciation à un droit qu'on avait; c'est une manière d'éteindre une action. Mais, dans une matière où l'on ne peut transiger, on conçoit que la prescription ne puisse pas être admise ; c'est ce qu'a formellement prescrit l'article 328. Quelles seront donc les conséquences de cette disposition, les voici: Mon père est mort depuis quarante ans; depuis le moment de sa mort, j'aurais pu réclamer mon état d'enfant légitime, je ne l'ai pas fait, peut-être ai-je été séduit par l'appât d'une récompense, d'un avantage particulier, enfin je n'ai pas réclamé; mais au bout de quarante ans, je réclame, d'abord la possession d'état, et ensuite la succession de mon père : mais il faut distinguer entre la réclamation d'état et la pétition d'hérédité, qui d'ordinaire ne avoir lieu faite qu'à l'occasion d'une succession qui vient de s'ouvrir; eh bien! dans ce cas, la réclamation d'état est imprescriptible, tandis que la pétition d'hérédité pourra être repoussée par la prescription.

Quelques personnes ont pensé qu'il ne fallait pas appliquer à la réclamation d'état l'art. 397 du code de procédure, qui porte que « toute instance discontinuée pendant trois ans, sera éteinte par la prescription, et qu'alors le demandeur doit recommencer les poursuites, comme s'il n'avait encore rien fait. »

Je dois dire à cette occasion, que la péremption

est une sorte de prescription, mais cette péremption n'est pas de droit, il faut qu'elle soit demandée, et que le tribunal la prononce.

J'ai peine à croire que l'on doive entendre ainsi l'art. 397 du code de procédure, car il faudrait une exception à cet article pour faire échapper la demande en réclamation d'état à la péremption encourue pour défaut de poursuites pendant trois années. Il est certain que souvent la péremption peut être très-préjudiciable : car, si au bout de vingt-huit ans, on forme une demande pour interrompre la prescription, et que cette demande elle-même soit suspendue pendant trois ans, la péremption peut être demandée et obtenue, et l'instance étant éteinte, la prescription se trouverait acquise ; ici, au contraire, l'action en réclamation d'état étant imprescriptible, on peut toujours la recommencer ; la péremption doit donc être admise. Ce serait une exception à la règle commune, exception qu'il est impossible d'admettre.

Par la même raison, l'enfant peut toujours se désister de sa demande ; si elle est mal commencée, il peut la recommencer ; mais ce désistement ne peut jamais lui être opposé.

Nous avons parlé d'action en réclamation d'état, intentée par l'enfant lui-même ; mais comme des droits importans sont attachés à cette possession d'état, si l'enfant est décédé sans avoir formé sa demande en réclamation d'état, le droit de réclamer appartient à ses héritiers : car il peut leur importer que l'état d'enfant légitime ait appartenu à leur auteur. Et en effet, si en cette qualité il avait pu recueillir une succession, il pourrait transmettre ce droit à ses héritiers. La loi donne donc aux héritiers l'action en réclamation d'état, mais cette action n'est pas imprescriptible à leur égard. Dans quel délai doit elle-être exercée? L'article 329 porte que l'action ne peut être exercée par les héritiers qu'autant que l'enfant est décédé en minorité, ou cinq années après sa majorité. Pourquoi cette action n'est-elle plus recevable, si l'enfant est décédé plus de cinq ans après sa majorité? C'est parce que l'enfant majeur qui a passé cinq années sans réclamer, a reconnu par-là qu'il n'en avait pas le droit; il faut alors restreindre cette action dans d'étroites limites, surtout lorsqu'il ne s'agit pour les héritiers que d'un intérêt tout-à-fait personnel. Si l'enfant est mort en minorité ou dans les cinq années après sa majorité, ce droit, qui était imprescriptible dans la personne de l'enfant, ne l'est pas dans la personne des héritiers; dans ce cas, quel sera le délai pour que la prescription soit encourue à l'égard des héritiers? On rentre ici dans le droit commun : la prescription sera encourue par trente années (2262). Si l'enfant a formé sa demande, fut-ce trente ans après sa majorité, il existe alors en faveur des héritiers un droit nouveau qui a son germe dans la demande en justice. Ils peuvent donc suivre sur la demande formée par l'enfant, mais si l'enfant est décédé après les cinq années depuis sa majorité, sans avoir réclamé, les héritiers ne peuvent plus agir.

Qu'arriverait-il si l'enfant avait réclamé à 22 ans; qu'il eût ensuite laissé passer un délai de trois années sans poursuivre, et qu'au bout de ces trois ans il fût décédé? La péremption serait encourue, cela est vrai; mais l'enfant aurait eu le droit de recommencer sa demande, pourquoi ce droit n'appartiendrait-il pas également à ses héritiers? Je ne vois pas de raison pour ne pas le leur accorder. Si donc l'enfant s'est désisté, ou s'il a laissé passer trois années sans poursuivre, les héritiers ont le droit de recommencer une nouvelle action, pourvu toutefois que l'enfant ne soit pas mort après les cinq années qui ont suivi sa majorité: car, dans ce cas, ils seraient non recevables à ntenter une nouvelle demande (330).

Nous avons vu que la péremption n'était pas de droit, qu'il fallait qu'elle fût prononcée par le tribunal; ainsi on aura pu être dix ans sans poursuivre, il n'y aura pas péremption de l'instance, si cette péremption n'a pas été prononcée: mais si l'enfant a été trois ans sans poursuivre, et si la péremption avait été demandée, les héritiers pourraient-ils poursuivre sur sa réclamation? Ou, au contraire, devraient-ils être déclarés non-recevables par le motif qu'ils ne peuvent avoir plus de droit que leur auteur? Ici la question est grave, j'ai peine à croire que la péremption puisse être acquise sans jugement; je crois même qu'elle n'est pas acquise tant qu'elle n'est pas prononcée par un jugement.

Si l'enfant est décédé, ses droits passent à ses héritiers; que doit-on entendre par l'expression d'*héritiers*? Ne faut-il pas comprendre sous ce nom tous ceux qui peuvent avoir des droits à la succession de l'enfant? Je ne vois pas pourquoi les légataires de l'enfant, s'ils sont dans les conditions requises par la loi, n'auraient pas les mêmes droits que l'enfant lui-même. Je crois aussi que les créanciers qui auraient intérêt à ce que leur débiteur fût reconnu l'enfant de telle ou telle personne, pourraient, aux termes de l'article 1166, être autorisés à poursuivre les droits et actions de leur débiteur. Mais il n'en est pas ainsi, s'il s'agit d'un droit exclusivement attaché à la personne; dans ce cas, ce droit ne passe pas à ses héritiers : ainsi une action en possession d'état est une action exclusivement attachée à la personne, et ne peut être exercée par les créanciers; mais une action en pétition d'hérédité n'est pas attachée exclusivement à la personne, et peut être transmise aux créanciers. L'action des créanciers pourra donc être admise, si elle est relative, non à une possession d'état, mais à une question toute pécuniaire. Cependant je ne pense pas que, du vivant même de l'enfant, l'article 1166 donne aux créanciers le droit de poursuivre, parce qu'avant de former une demande en pétition d'hérédité, il faudrait intenter une action en réclamation d'état, et que ce droit est exclusivement attaché à la personne, et ne peut être exercé par les créanciers.

Il peut y avoir aussi d'autres personnes, qui ne soient pas les héritiers de l'enfant, et qui cependant peuvent avoir intérêt à la réclamation d'état d'un enfant; non pas sous le rapport pécuniaire, mais sous le rapport des droits de famille : je veux parler des descendans, des enfans, des petits-fils, qui peuvent avoir intérêt à ce que leur père soit reconnu comme ayant appartenu à la famille. Mais ceux qui ont renoncé à la succession, peuvent-ils réclamer dans l'intérêt de leur propre état? Il faut, pour décider cette question, examiner dans quelle position ils se trouvent : la réclamation d'état est imprescriptible à l'égard de l'enfant seulement (328); dès lors, si les héritiers ne sont pas dans les termes de l'article 329, ils doivent être déclarés non recevables; mais, dira-t-on, c'est leur propre état qu'ils réclament, en réclamant l'état de leur père : et, dès lors, l'article 328 doit leur être appliqué : je ne crains pas de répondre négativement; il faut, pour que l'action de l'enfant puisse être admise, qu'elle soit formée dans les termes de l'article 329; cela résulte expressément du texte de la loi. Ce sont précisément les enfans du défunt qui se sont présentés les premiers à la pensée du législateur. Quels seraient donc sans cela les héritiers qui pourraient avoir intérêt à cette réclamation d'état? Seraient-ce les collatéraux? mais les collatéraux appartiennent à une autre famille, et n'ont nul intérêt à ce que l'enfant réclame ou non son état. Les héritiers dont la loi a voulu parler, ce sont donc les enfans, les descendans, car ce sont ceux-là seuls qui ont droit à cette réclamation d'état.

Maintenant qu'on ne demande plus si les enfans qui ont renoncé à la succession de leur père, ont le droit de former une demande en réclamation d'état, lorsque ceux qui ont accepté sa succession ne l'ont pas; car ceux-ci même ne peuvent réclamer la filiation de leur père, qu'autant qu'ils sont dans les termes de l'article 329. Quant à ceux qui ont renoncé à sa succession, il faut bien admettre que comme héritiers du nom de leur père, ils peuvent hériter aussi des droits de famille; mais seulement dans le même intérêt que ceux qui ont accepté la succession; ils peuvent donc réclamer l'exercice des actes de famille; ils ont ce droit comme héritiers du nom de leur père; mais cette réclamation de leur part est purement facultative, et on ne peut jamais les y contraindre.

QUATRIÈME LEÇON.

2 mai 1836.

Après avoir parlé de la filiation des enfans légitimes et des preuves de cette filiation, nous allons parler des enfans naturels. On entend par cette expression les enfans qui ne sont pas légitimes ; nous avons reconnu que, pour qu'un enfant soit légitime, il faut qu'il soit né d'un légitime mariage, en telle sorte qu'il faut qu'il soit né, pendant le mariage, des œuvres des deux époux. Les enfans nés hors mariage ne sont pas légitimes (331) ; mais le fait qui a donné lieu à leur naissance est plus ou moins illicite, et par cela même les place dans une position plus ou moins avantageuse : ainsi l'enfant naturel proprement dit est celui qui est né de deux personnes libres, *ex soluto et solutâ ;* tandis que l'enfant qui est conçu pendant le mariage, mais né d'un autre que du mari ou de la femme, est un enfant adultérin ; il est incestueux si le père et la mère étaient parens au degré prohibé par la loi. L'enfant naturel est celui qui est non pas seulement né, mais conçu hors mariage ; car si un enfant est né après la mort de son père, il peut cependant être enfant légitime. Il s'agit donc ici des enfans nés hors du mariage, et qui ne se trouvent pas dans les deux catégories d'enfans légitimes que nous avons parcourues. La loi donne aux enfans naturels le droit de devenir légitimes, quoique l'union qui leur a donné naissance soit elle-même illégitime; c'est ce qu'on appelle légitimation ; elle donne ensuite aux enfans naturels le droit de succéder, quoique cependant ils ne puissent prendre le titre d'héritiers. Ainsi la filiation naturelle peut donner lieu à la légitimation ; elle peut aussi donner à l'enfant naturel la faculté d'exercer certains droits de famille ; mais la loi n'accorde cette faveur qu'aux enfans nés de deux personnes libres, car si le père et la mère sont parens au degré prohibé par la loi, ou si l'un des deux est engagé dans un mariage, l'enfant n'est plus enfant naturel, il est incestueux ou adultérin, il ne peut pas être légitimé, il ne peut être appelé à succéder (342); il ne pourra être admis à la recherche de la paternité, ni même, dans certains cas, de la maternité; il n'aura qu'un droit purement naturel pour obtenir des alimens.

La légitimation des enfans naturels a son origine dans le droit romain ; elle peut avoir lieu par le mariage subséquent des père et mère : c'est un encouragement donné par la loi pour remplacer un état illicite par un état licite et favorable à l'enfant lui-même. La légitimation a été introduite dans le droit romain par Constantin : elle se faisait par ce qu'on appelait *lettres du prince;* elle fut plus tard généralisée par Justinien, et s'appliquait aux enfans nés de concubins, quand le mariage était possible entre eux : c'est ce principe qui a été adopté par notre ancienne jurisprudence et reproduit dans le Code civil : seulement la loi a exigé, pour que la légitimation pût avoir lieu, une disposition qui n'existait pas dans l'ancien droit, c'est-à-dire la reconnaissance des enfans par le père et la mère. La légitimation par *lettres du prince* pouvait avoir lieu sans qu'il y eût mariage subséquent : elle n'établissait que des relations entre l'enfant et la personne qui avait consenti à cette légitimation : elle avait uniquement pour objet de faire cesser les effets de la bâtardise qui interdisaient à l'enfant certaines fonctions : aujourd'hui il n'y a plus de bâtards chez nous; tout le monde a les mêmes droits politiques; seulement les enfans naturels non reconnus ne peuvent exercer certains droits de famille. Le Code civil n'a pas adopté ce mode de légitimation : il n'en reste plus qu'un seul chez nous : c'est la légitimation par mariage subséquent.

Les enfans nés hors mariage peuvent être légitimés par le mariage subséquent de leurs père et mère (331). Ainsi, les enfans qui sont, dans le cas de l'article 314, nés avant le cent-quatre-vingtième jour du mariage, n'ont pas besoin d'être légitimés : voilà pourquoi la loi ne dit pas : *Les enfans conçus hors mariage* : mais bien : *les enfans nés hors mariage ;* car il est certain que l'enfant conçu avant le mariage et né pendant le mariage est légitime.

Dans quelle circonstance l'enfant est-il incestueux ? Dans quelle circonstance est-il adultérin ? Il faut ici bannir toute équivoque, et ne pas croire, comme l'ont pensé quelques personnes, qu'il ne suffit pas, pour que l'enfant soit adultérin, qu'il soit conçu pendant le mariage, mais encore qu'il soit né pendant le mariage. C'est le caractère du commerce qui a produit la conception de l'enfant, qui le frappe d'une sorte d'incapacité. L'enfant est incestueux quand le commerce dont il est né a lieu entre parens ou alliés au degré prohibé, c'est-à-dire entre lesquels la loi ne permet pas le mariage. L'enfant est adultérin, s'il est né d'un père ou d'une mère marié, ou si le père et la mère étaient mariés : il suffit que la conception de l'enfant soit adultérine, pour que l'enfant soit frappé d'incapacité ; quand même le mariage du père ou de la mère viendrait à se dissoudre avant la naissance de l'enfant, il n'en serait pas moins adultérin ; car il est clair qu'il y a eu une mauvaise action, une action illicite, au moment du commerce du père et de la mère.

Les enfans nés hors mariage peuvent être légitimés par le mariage subséquent de leurs père et mère, c'est-à-dire que les père et mère pourront, s'ils le veulent, légitimer leur enfant. Dans l'ancien droit, le mariage subséquent n'exigeait pour la légitimation des enfans ni le consentement des parens, ni la reconnaissance de la filiation : aujourd'hui le Code a innové, il faut la reconnaissance des enfans pour que la légitimation ait lieu : mais quand cette reconnaissance existe, l'enfant est légitime par le mariage subséquent. On conçoit pourquoi la loi n'a pas voulu subordonner à la volonté et au caprice de deux personnes le bienfait que l'enfant a le droit d'attendre du mariage de ses père et mère; mais ce droit n'appartient qu'aux enfans naturels, c'est-à-dire que les enfans incestueux et adultérins ne peuvent pas être légitimés par le mariage subséquent de leurs père et mère. Pourquoi le Code n'a-t-il pas dit : *seront légitimés*, au lieu de : *pourront être légitimés?* c'est parce qu'on ne sait jamais si le mariage aura lieu : parce que ce mariage est incertain. On pourrait croire que c'est là un droit facultatif accordé aux parens; mais il n'y a rien de facultatif que le mariage; s'il y a mariage, la légitimation a lieu de droit, quand les enfans sont reconnus, sans même que les parens le veuillent, car leur volonté ne peut s'élever contre la loi.

Il faut, pour que la légitimation ait lieu, que l'enfant soit légalement reconnu avant le mariage ou au plus tard dans l'acte de célébration du mariage. Pourquoi la loi a-t-elle apporté cette restriction à la reconnaissance d'un enfant? parce qu'elle a voulu éviter la fraude; parce qu'elle n'a pas voulu qu'on pût conférer la légitimité à un enfant qui ne serait pas né des œuvres des deux époux; il est possible que cet enfant soit l'enfant naturel de l'un des deux époux, et on a craint alors l'influence que cet époux pourrait avoir sur l'autre pour lui faire reconnaître plus tard un enfant qui ne serait pas le sien, au préjudice de sa propre famille? La reconnaissance avant le mariage est digne de foi; alors nulle fraude n'est supposable, car les parens peuvent espérer que leur union leur procurera des enfans plus tard et ils n'auraient nul intérêt à reconnaître un enfant qui ne serait pas le leur.

Il s'est élevé une question importante : celle de savoir si des époux pourraient légitimer un enfant postérieurement à leur mariage. Non, ils ne le peuvent pas : la loi veut que la légitimation ait lieu dans l'acte de célébration du mariage et non autrement.

La loi exclut du bénéfice de la légitimation les enfans incestueux ou adultérins; c'est pour se conformer aux anciens principes que la légitimation n'a lieu qu'en faveur des enfans naturels seulement, parce qu'on dit qu'ils sont en quelque sorte un fait anticipé du mariage projeté. Si c'est une fiction de la loi, il faut avouer que cette fiction est bien souvent démentie par la vérité; car rarement on a pensé, dans le commerce qui a donné lieu à la naissance de l'enfant, à le légitimer plus tard par le mariage. Si on y pense plus tard, c'est que l'on veut donner un état à cet enfant. En partant de ce raisonnement, on peut dire que pour que la légitimation ait lieu, il faudrait que le mariage fût possible entre le père et la mère : si ce mariage est impossible, il ne peut y avoir de légitimation, c'est le cas d'un enfant adultérin. La loi peut permettre la légitimation pour faire sortir l'enfant d'une position désavantageuse ; si elle a excepté de cette faveur les enfans incestueux ou adultérins, il faut en conclure que la légitimation s'étendra à tous les autres. Si le père ou la mère sont libres, mais s'ils ne pouvaient s'unir au moment de la naissance, ils pourront par le mariage subséquent légitimer leur enfant : ainsi un homme mort civilement ne peut contracter un mariage qui est un acte civil et doit produire des effets civils : mais s'il a des enfans et s'il recouvre ensuite la vie civile, il pourra légitimer ces enfans par le mariage subséquent ; il n'y a pas dans ce cas besoin d'examiner s'il pouvait se marier auparavant ; il n'y a pas besoin de rentrer dans la fiction de la loi.

La loi a dit que les enfans incestueux et adultérins ne pourraient pas être légitimés : je ne crois pas qu'il faille donner à la loi plus de rigueur qu'elle n'en a elle-même : ainsi, un enfant venu dans les dix mois de la dissolution du mariage de ses père et mère, ne sera pas un enfant adultérin, car plus tard la mère pourra se remarier et légitimer son enfant ; il faudrait, pour que la légitimation n'eût pas lieu, qu'il y eût, à l'égard de la femme, une incapacité qui n'existe pas dans la loi. Les enfans exclus de la légitimation sont donc les enfans incestueux et adultérins : mais il faut encore faire une distinction ; s'il existe un mariage entre le père de l'enfant et une autre femme ou entre la mère de l'enfant et un autre homme, ou si le père se-

croit veuf, sans qu'il le soit réellement, ou si l'un des deux ou tous les deux ignorent le mariage de l'autre : si enfin ils sont tous deux parens au degré prohibé, mais sans le savoir ; on demande alors si la bonne foi ne devra pas effacer la tache de la naissance de l'enfant.

Pour l'affirmative on répond que la croyance vaut mieux que la vérité ; que la bonne foi des père et mère doit assurer à l'enfant le bienfait de la légitimité, quand même l'enfant serait incestueux ou adultérin, parce que si le père ou la mère ignore qu'il est marié, il doit croire qu'il a donné le jour à un enfant naturel, et qu'alors cette croyance suffit pour assurer à cet enfant l'état d'enfant légitime.

Pour décider ainsi, il faudrait que la loi s'expliquât d'une manière précise dans les articles 201 et 202; la loi ne s'étant pas expliquée formellement dans ce sens, la réponse à la question que nous avons posée doit être négative. La loi porte (201) que l'erreur des époux entre lesquels le mariage a été contracté n'annulle pas les effets civils du mariage, quand il a été contracté de bonne foi. Qu'est-ce que l'on peut appeler bonne foi ? c'est de croire que l'on fait bien quand on fait mal ; c'est de croire que l'on fait une action non seulement licite, mais honorable ; dans le cas dont nous parlons, au contraire, les père et mère n'ont pas fait une action licite ; ils ne sont pas innocens, ils sont seulement moins coupables ; ils ne peuvent se dissimuler que leur action était illicite; ils n'ont pu se méprendre sur le caractère de cette action : sans doute ils ne voulaient commettre ni inceste ni adultère, mais ils savaient que leur action était illicite, puisqu'ils n'étaient pas conjoints. Ici la bonne foi n'est pas suffisante pour prévaloir sur la vérité. En droit la question n'est pas douteuse; en législation, on aurait tort d'appliquer l'excuse de bonne foi résultant de l'article 201. Sur ce point tout le monde est d'accord. Tout le monde ne l'est pas également sur la question de légitimité des enfans issus d'un mariage déclaré nul. Je crois que, d'après la doctrine que nous venons d'établir, lorsque le père ou la mère, dans l'ignorance de l'inceste ou de l'adultère qu'ils ont commis, viennent à contracter mariage, ce mariage est nul et ne peut produire d'effets à l'égard des enfans. Il peut arriver aussi que le vice de la naissance de l'enfant disparaisse par le mariage de ses père et mère, et cependant qu'il ne puisse pas être légitimé, par exemple si les père et mère ne sont pas libres au moment de la naissance de l'enfant, et que, devenus libres plus tard, ils se remarient ensemble : dans ce cas l'enfant n'en sera pas moins adultérin et il ne pourra être légitimé.

Supposons le cas où un enfant n'est ni adultérin ni incestueux : supposons qu'il soit né de parens libres : *ex soluto et solutâ.* Il pourra donc être légitimé par le mariage subséquent. Mais le père se marie avec une autre personne : il cache ensuite son mariage, se remarie avec la mère de l'enfant et légitime cet enfant ;

ici la bonne foi de la mère pourra-t-elle suffire pour la légitimation? Cette question est plus difficile à résoudre que l'autre; l'article 201 dit que le mariage putatif, c'est-à-dire contracté de bonne foi, produit des effets civils à l'égard des enfans, et que la bonne foi de l'un des époux fait produire à ce mariage les effets civils à l'égard des enfans issus du mariage (202). Dans ce cas la légitimation des enfans nés avant le mariage devra-t-elle avoir les mêmes effets que la légitimité des enfans nés pendant le mariage? j'avoue que je ne crois pas que les articles 201 et 202 soient applicables à la légitimation des enfans naturels : ces articles auraient sans cela un effet civil qui me semble exorbitant puisqu'ils couvriraient le crime antérieur. Dans le fait, y a-t-il mariage? Non. Si le mariage est nul, il n'y a pas de mariage; il n'y a donc pas eu de légitimation. La bonne foi ne doit-elle pas s'entendre seulement à l'égard des enfans issus du mariage? c'est ce que porte formellement d'ailleurs l'article 202. Peut-on dire que des enfans légitimés sont issus du mariage? Non assurément; on ne peut comprendre dans cette dénomination les enfans nés avant le mariage et auxquels la loi n'accorde la légitimation que par un droit exorbitant. Quand le mariage est valable, le vice de la naissance ne peut plus être opposé à l'enfant, quoique cependant il existe toujours; mais si le mariage est nul, alors le vice de la naissance peut lui être opposé. L'art. 337 est donc le seul applicable dans ce cas. Cette question est grave, elle a été controversée ; quant à moi, je pense que dans ce cas la légitimation disparaît, et que l'enfant ne peut plus être considéré que comme enfant naturel : ce n'est au surplus que mon opinion personnelle : je suis prêt à admettre toute jurisprudence contraire ; mais je ne connais pas d'arrêt dans l'un ou dans l'autre sens.

La loi refuse la légitimation aux enfans nés d'un commerce incestueux ou adultérin. On a demandé à cette occasion si l'enfant né de parens au degré prohibé pourrait être légitimé par le mariage subséquent, dans le cas où le mariage pourrait avoir lieu avec dispense, c'est-à-dire, par le mariage de l'oncle avec la nièce, du neveu avec la tante ; car si l'on n'a pas obtenu de dispenses dans le cas où elles sont exigées, le mariage est nul. Il faut dire que dans ce cas l'enfant est né dans le moment où le mariage était prohibé, et que par conséquent il est incestueux.

Mais on a insisté et on a dit : La légitimation doit être possible si le mariage est possible ; car il faut examiner quel est le cas d'inceste que la loi a voulu prévoir : c'est, par exemple, l'inceste du père et de la fille, du frère et de la sœur ; jamais dans ce cas il n'y aura de mariage possible. Quand la loi a parlé des enfans incestueux, elle a voulu parler de ceux qui étaient nés de père et de mère entre lesquels le mariage était impossible ; c'est dans ce sens qu'elle a voulu exclure de la légitimation les enfans incestueux et adultérins. Mais si un enfant est issu de deux personnes qui peuvent se marier avec dispense, il peut être légitimé; car si ce n'est pas pour lui que l'article 331 a été fait, il était inutile de parler dans la loi des enfans incestueux et adultérins, puisque dans les autres cas d'inceste le mariage est impossible.

Il faut répondre que la loi n'a fait aucune distinction; elle parle en général du commerce incestueux et adultérin : si plus tard le mariage succède à ce commerce, la loi refuse à ce mariage les effets de la légitimation. Les termes de la loi sont trop formels pour qu'on puisse les contester. Il y a cependant à côté de cette opinion une autre opinion qui n'est pas si déraisonnable qu'on le croit; mais selon moi, la question n'est pas douteuse.

D'abord, dit-on, pourquoi ne ferait-on pas profiter les enfans d'une dispense dont ils sont en général la principale cause? Car, il faut le dire, généralement le motif qui fait demander des dispenses, c'est l'état de grossesse de la tante ou de la nièce : c'est donc une conception anticipée qui nécessite le mariage, et l'enfant qui serait le principe de ce mariage ne serait pas légitimé! cela n'est pas supposable.

Je réponds qu'il faut être conséquent. Si l'enfant est incestueux avant le mariage, il le sera également après le mariage, et il ne pourra pas être légitimé : si la dispense lavait le vice de l'inceste, l'enfant pourrait être légitimé; mais la dispense ne lave pas ce vice, et l'enfant né avant le mariage sera incestueux et ne pourra pas être légitimé.

L'opinion que je combats a eu ses partisans en légitimité. Peut-elle en avoir aussi en droit ? Je le crois, car l'article 331 n'est pas aussi formel qu'il le paraît au premier aspect. Si la loi avait dit d'une manière précise que les enfans adultérins ou incestueux pourraient être légitimés par le mariage subséquent des père et mère, la dissertation à laquelle nous venons de nous livrer serait inutile ; mais l'article 331 parle des enfans nés de personnes entre lesquelles le mariage est possible. Il est probable que le législateur n'a pas bien aperçu le résultat de l'expression qu'il employait. La loi n'a pas dit expressément que le mariage ne légitimait pas les enfans incestueux, je le reconnais ; mais elle n'a pas dit non plus que le mariage les légitimait. Il faut donc s'attacher ici aux règles de la plus sévère équité, plutôt qu'au sens grammatical de l'article. Si un enfant est incestueux au moment de sa naissance, il le sera toujours ; il ne pourra pas être légitimé plus tard ; il ne pourra l'être ni avant ni après le mariage. Cette question est extrêmement grave ; mais je crois qu'elle doit être résolue dans le sens que je viens d'indiquer.

Il est une autre question que j'appellerai question transitoire. Sous l'empire du Code civil, le mariage entre les beau-frère et belle-sœur était prohibé ; il ne pouvait donc y avoir entre eux qu'un commerce incestueux. Une loi récente a autorisé le mariage des beau-frère et belle-sœur, moyennant des dispenses. On demande maintenant si l'enfant né de beau-frère et belle-sœur, mais avant la publication de la loi qui permet le mariage, peut être légitimé par mariage subséquent. La solution de cette question n'est pas difficile. Quand l'enfant a été conçu, les père et mère pouvaient-ils avoir l'espérance de s'unir un jour ensemble ? Non, car le Code le leur défendait. Il ne pouvait alors y avoir de dispense possible pour eux. L'enfant qui est né de leur commerce est un enfant incestueux, et il reste à jamais entaché de ce titre. Quand bien même on admettrait que l'enfant de l'oncle et de la nièce pourrait être légitimé, on ne peut l'admettre pour l'enfant d'un beau-frère et d'une belle-sœur, si cet enfant est né avant la loi qui autorise le mariage. Décider autrement, c'est faire la loi, mais ce n'est pas l'appliquer.

Quant aux enfans adultérins, leur position est la même. Un homme marié a une concubine dont il a un enfant. L'épouse légitime meurt. Le mari épouse sa concubine; mais il ne pourra légitimer son enfant, parce qu'il sera impossible de faire remonter la conception à un temps autre que celui du premier mariage. L'enfant sera donc toujours adultérin. Cependant, dans l'acte de naissance, le père aura déclaré que cet enfant est né de lui et de la mère qu'il indique. L'enfant aura, après le second mariage de son père, une possession d'état conforme à son acte de naissance. N'y aura-t-il pas une fin de non recevoir contre toute contestation (322)? Non ; car on pourra alors lui opposer l'acte du premier mariage de son père, et le faire déclarer enfant adultérin. L'enfant ne sera pas, d'ailleurs, dans le cas prévu par l'article 322; car on ne contestera pas la légitimation, mais seulement la filiation.

La loi n'accorde la légitimation qu'à la condition de la reconnaissance du père et de la mère. Il faut aussi que cette reconnaissance soit faite avant le mariage. Si un jugement avait été rendu, soit pour constater la paternité, soit pour constater la maternité, et si ce jugement était antérieur au mariage, doit on dire qu'il remplit le but de la loi aussi bien qu'une reconnaissance formelle, soit du père, soit de la mère ? Supposons au contraire le cas où un enfant n'aura pas été reconnu avant le mariage, mais où il aura été reconnu par un jugement postérieur au mariage; quel sera l'effet de ce jugement ? ce sera de constater seulement la filiation, c'est-à-dire, le fait antérieur au mariage. La loi veut expressément que la reconnaissance soit faite avant le mariage. Cette reconnaissance peut être faite par un jugement, cela est vrai ; mais il faudra que le jugement soit antérieur au mariage pour que la légitimation puisse avoir lieu. J'ai dit plus haut que la reconnaissance ne pouvait pas se faire après le mariage, à moins que ce ne fût par jugement, parce qu'alors l'intervention de la justice rend la fraude impossible.

Il faut que la reconnaissance soit faite non seulement par le père, mais encore par la mère. Un enfant aura été présenté à l'état civil, comme né de tel père et de telle mère ; la mère ne croit pas devoir le reconnaître personnellement, parce que l'acte de naissance l'a indiqué comme son enfant. Elle épouse le père de son enfant. Si elle ne l'a pas formellement reconnu avant le mariage, elle ne peut plus le reconnaître après : telle est la loi. Il faudrait, il me semble, la proclamer très haut, afin qu'elle ne trompe personne ; car il y a des cas où l'erreur peut être extrêmement préjudiciable à l'enfant. Il ne faut pas une reconnaissance tacite, il faut une reconnaissance formelle. Je conçois que la reconnaissance du père n'entraîne pas nécessairement l'aveu de la mère (336) ; je conçois que cet aveu de la mère résulte tacitement de la conduite qu'elle a tenue envers son enfant et du mariage qu'elle a contracté avec le père de son enfant ; mais il ne peut, ce me semble, remplacer la reconnaissance exigée par la loi : ce sera aux tribunaux à décider si dans tous les cas il faut une reconnaissance formelle de la part de la mère.

CINQUIÈME LEÇON.

4 mai 1836.

Nous avons vu à quelles conditions la loi permet la légitimation des enfans nés hors mariage, nous avons vu que cette légitimation peut avoir lieu par le mariage subséquent des père et mère, quand ceux-ci les auront reconnus avant leur mariage, ou au moins dans l'acte de célébration du mariage. Cette reconnaissance produit des effets non seulement à l'égard des enfans naturels, mais encore à l'égard des descendans des enfans naturels (332). Je sais bien que pour être eux-mêmes légitimes, les descendans d'un enfant naturel n'ont pas besoin d'établir la filiation de leur père; mais s'ils veulent se rattacher à la famille de leur père, il faut que leur père soit lui-même légitime; il en est ainsi s'ils veulent avoir le droit de succéder comme petits-fils : l'article du Code est fort clair et n'a pas besoin d'autre explication.

Quels sont donc les effets de cette légitimation (333)? C'est d'accorder aux descendans de l'enfant légitimé les mêmes droits qu'aux descendans de l'enfant légitime; ils tiendront leur légitimation du mariage des père et mère de leur père.

Il peut arriver qu'un enfant naturel soit plus âgé que d'autres enfans qui seraient nés après lui, et que cependant il ne soit pas leur aîné. Je suppose, par exemple, qu'un homma a un enfant naturel susceptible d'être légitimé ; cet homme se marie avec une autre femme, il en a des enfans ; il devient veuf, il se remarie ensuite avec la mère de son premier enfant, et le légitime par son mariage ; mais de ce jour seulement datera la légitimation de cet enfant, de telle sorte que les enfans du premier mariage, bien que plus jeunes que lui, seront pourtant ses aînés en légitimation ; ils jouiraient des droits d'aînesse, ils auraient pu succéder à la pairie quand la pairie était héréditaire : c'est ainsi qu'anciennement on l'a toujours entendu, et c'est ainsi que la loi l'entend encore aujourd'hui.

Il se présente un autre cas qui a une grande analogie avec le précédent : un enfant né dans les cent quatre-vingts jours qui ont suivi le mariage est légitime ; appliquera-t-on les effets de la légitimité du jour de la conception ou du jour du mariage ? Cette question, qui s'est présentée souvent, a donné lieu à plusieurs solutions judiciaires.

Vous savez que pour succéder il n'est pas nécessaire d'être né, mais qu'il suffit d'être conçu ; vous savez aussi que le frère succède au frère quand il n'y a pas d'héritiers directs : devra-t-on accorder ce droit de succession aux enfans légitimes et non aux enfans naturels ? Je pose un exemple : une femme veuve a des enfans d'un premier mariage, elle devient enceinte, un de ses enfans vient à mourir, et il s'agit de partager sa succession; cette femme épouse le père de l'enfant qu'elle porte; l'enfant est né dans les cent quatre-vingts jours qui ont suivi le mariage, il est donc légitime; il se présente à la succession en disant : J'étais conçu à l'époque du décès, donc je suis héritier.

En faveur de cette prétention, que dit-on? l'époque de la conception de l'enfant peut être incertaine, mais la naissance constitue un droit qui remonte du moment de la naissance au moment de la conception; si l'enfant est né légitime, il l'était donc au moment de la conception, et l'enfant conçu a le droit de succéder: c'est ce qu'a décidé un arrêt de la Cour d'Orléans, du 16 février 1809.

Contre l'enfant on répondait : la légitimité est l'effet du mariage; or l'effet ne peut pas précéder la cause. Pendant le temps de la conception, la filiation de l'enfant était une filiation naturelle, il ne pouvait donc se présenter à la succession. Contre ce système on disait : l'enfant est légitime ou non; s'il est légitime, il l'était au moment de la conception. Ce raisonnement me semble plus subtil que juste, et je crois que dans ce cas on doit exclure l'enfant de la succession, parce qu'il n'avait pas la qualité d'enfant légitime au moment où la succession a été ouverte : c'est ce qu'a décidé un arrêt de la Cour de Cassation du 11 mars 1811, qui a cassé l'arrêt de la Cour Royale d'Orléans. Il y a un autre arrêt de la Cour Royale de Paris, du 21 décembre 1811, qui a adopté la doctrine consacrée par la Cour de Cassation.

La première section du chapitre 3 traite de la légitimation des enfans naturels, la seconde partie est relative à la reconnaissance des enfans naturels.

Sans admettre dans tous les cas la légitimation des enfans naturels, la loi a admis la reconnaissance, cette reconnaissance leur donne des droits, mais ils sont moins importans que ceux que leur confère la légitimation, car ils ne leur permettent que de succéder à leur père.

La loi fixe les conditions auxquelles cette reconnaissance doit avoir lieu. Il semblerait que la filiation naturelle devrait s'établir par les mêmes moyens et les mêmes genres de preuves que la filiation légitime ; toutefois la loi trace des règles tout-à-fait différentes : la filiationlégitime s'établit par l'acte de naissance et la possession d'état ; si un enfant est déclaré né du mariage de Pierre et de Sophie, cette déclaration suffit pour établir une filiation légitime ; elle fait foi jusqu'à preuve contraire, tandis que la filiation naturelle s'établit par l'aveu ou la reconnaissance du père ou de la mère. Quand il s'agit de la filiation naturelle, la recherche de la paternité est interdite, excepté dans un seul cas dont nous parlerons plus tard ; quant à la maternité, la loi permet de la rechercher, mais à des conditions plus sévères que dans le cas de la filiation légitime (341); dans ce cas, la preuve testimoniale peut être admise, mais seulement quand il y a un commencement de preuves par écrit. Comment donc expliquer cette différence puisqu'il s'agit de faits de la même nature? la réclamation de l'enfant naturel paraît en effet moins importante que celle de l'enfant légitime, puisqu'il n'a pas autant de droits que lui. C'est que la filiation naturelle tend à prouver le désordre, tandis que la filiation légitime c'est l'ordre; ajoutons aussi qu'attribuer à des époux la paternité ou la maternité légitime, c'est leur attribuer un fait honorable, et qu'il n'y a pas autant de raisons de croire à la vérité d'un fait quand ce fait n'est pas honorable.

La loi indique deux moyens de reconnaissance en faveur d'un enfant naturel : il y a la reconnaissance proprement dite, ou l'aveu du père et de la mère, et la déclaration judiciaire. La reconnaissance est assujettie à des formes particulières; elle peut se trouver dans l'acte de naissance ou en dehors de cet acte, mais alors il faut qu'elle soit faite par acte authentique (334). La loi ne distingue pas entre la reconnaissance du père et celle de la mère : elles sont toutes deux assujetties aux mêmes formalités.

Pourquoi la loi exige-t-elle que la reconnaissance soit faite par acte authentique : et d'abord qu'est-ce que l'acte authentique? c'est un acte qui a été reçu par un officier public ayant le droit d'instrumenter dans le lieu où l'acte a été rédigé (1317). Vous savez que des officiers puplics ont été créés pour donner de l'authenticité aux actes : ces officiers, ce sont les notaires. Ce n'est pas à dire pour cela qu'il n'y ait que les actes des notaires qui soient authentiques ; tout acte qui émane d'un officier public agissant dans l'exercice de ses fonctions est un acte authentique. Pourquoi la loi a-t-elle exigé que la reconnaissance d'un enfant fût faite par acte authentique ? Parce qu'elle a craint les séductions auxquelles on pourrait quelquefois céder en reconnaissant un enfant ; parce qu'elle a voulu que la reconnaissance fût l'effet d'une volonté librement exprimée. Sans doute il est possible que la séduction ait lieu dans un acte passé devant un officier public, mais elle aura lieu beaucoup moins souvent que si la reconnaissance a lieu dans un simple acte, dans une simple lettre ; c'est, je le répète, c'est principalement dans le but que la reconnaissance fût faite sérieusement, librement, sans séduction, sans contrainte, que la loi a voulu un acte authentique : c'est là l'explication qui doit résoudre la question.

La loi suppose que dans l'acte de naissance est la place naturelle de la reconnaissance ; par cela même nous dirons que si l'acte de naissance ne contient pas la reconnaissance du père, il ne peut faire foi de la filiation de l'enfant. Quant à la maternité, si elle n'a pas été constatée dans l'acte de naissance, il faudra aussi qu'elle le soit par un acte authentique passé devant un notaire. Cet acte ne peut-il pas aussi se faire devant l'officier de l'état civil (62)? car l'officier de l'état civil est préposé pour recevoir les actes de l'état civil, et il est naturel de penser qu'un acte de cette nature doit être fait devant l'officier de l'état civil. On a voulu élever des difficultés contre ce mode, dans les premiers temps de la promulgation du Code, mais la pratique était déjà constante, et on a bientôt fait justice de cette absurde prétention? On peut donc incontestablement reconnaître un enfant par un acte authentique passé devant l'officier de l'état civil.

La loi dit *par* un acte authentique; on conteste cette expression et on lui oppose celle-ci: *dans* un acte authentique; si la loi veut que la reconnaissance soit faite *par* un acte authentique, c'est qu'elle veut que ce soit par un acte fait exprès, car un acte dressé exprès inspire plus de confiance et donne plus de solidité à la reconnaissance que si elle était faite dans un autre acte: toutefois une mention pareille insérée dans un acte, quel qu'il fût, serait favorable à l'enfant, car il y a moins d'immoralité à reconnaître un enfant qu'à le laisser sans filiation. J'avoue que je vois tant d'inconvéniens à prononcer la nullité d'une reconnaissance faite de la sorte, que je crois qu'il vaut mieux l'interpréter favorablement. Je crois que quand même il n'y aurait pas d'acte dressé exprès pour contenir la reconnaissance, si cette reconnaissance se trouve mentionnée dans un autre acte, dans un testament par exemple, pourvu que cet acte remplisse toutes les conditions voulues par la loi, je crois qu'il satisfera pleinement aux exigences de l'article 334 : c'est ce qui a été décidé par un arrêt de la cour royale de Paris, du 2 janvier 1819. L'opinion contraire est soutenable, car on peut dire qu'un acte fait exprès mérite plus de confiance; mais je réponds qu'il ne faut pas interpréter la loi d'une manière aussi rigoureuse, et que si dans un acte quelconque il se trouve une reconnaissance en faveur d'un enfant, elle doit lui être favorable.

Je vais plus loin : j'admets que la reconnaissance n'ait été faite ni par un acte exprès ni par un acte passé devant notaire : ainsi je cite le cas d'un procès-verbal dressé par un juge de paix: ce procès-verbal sera authentique (1317), il émane d'un officier public qui a le droit de le faire. Dans ce cas, je pense qu'une reconnaissance faite dans un pareil acte devrait être acquise à l'enfant. Cette doctrine n'est pas constante, je le sais, mais cependant elle pourrait être admise.

La loi dit que la reconnaissance sera faite dans l'acte de mariage : est-ce à dire qu'elle ne pourra pas être faite auparavant? Ainsi, peut-on attaquer une reconnaissance faite par le père pendant la grossesse de la mère? Pour soutenir cette opinion, on dit qu'on ne peut avoir de certitude de la paternité qu'au moment de la naissance, afin de pouvoir coordonner la naissance avec l'époque présumée de la conception. Ces raisons n'ont pas prévalu. Supposons en effet un homme obligé de partir, et de laisser une femme enceinte. Avant de partir, il veut, autant que possible, réparer sa faute, il veut laisser un état à son enfant; il peut le faire par une reconnaissance anticipée, car la loi n'a pas exclu la reconnaissance avant le mariage.

Quand la reconnaissance n'a pas lieu par acte authentique, elle ne devient pas un titre suffisant pour établir la filiation ; car la recherche de la paternité est interdite, et la recherche de la maternité n'est permise que dans quelques cas. Cependant cette reconnaissance est un aveu de la part du père ou de la mère, et un aveu, pour faire foi, n'a pas besoin d'être contenu dans un acte authentique. Une reconnaissance sous seing privé ne suffit pas pour établir la filiation, ou donner droit à la succession ; mais elle suffit, dit-on, pour établir le droit moral de l'enfant à l'égard du père, c'est-à-dire, le droit d'exiger des alimens. Cette doctrine me semble inconséquente. Si le fait de la reconnaissance est certain par l'acte sous seing privé, l'enfant a droit à autre chose qu'à des alimens : si le fait n'est pas certain, pourquoi lui accorder des alimens? Je crois donc que la reconnaissance ne devrait pas être admise si elle n'était constatée que par un acte sous seing privé, quand même la signature du père serait légalement reconnue ; l'acte légalement reconnu est celui qui est constaté comme émanant d'une personne, mais qui cependant n'est pas un acte authentique.

Peut-on reconnaître un enfant après sa mort? la loi n'a rien dit à cet égard. Je n'hésite pas à dire qu'on peut le reconnaître, si cette reconnaissance peu intéresser les enfans, car ce n'est que dans le cas seulement où il a laissé des héritiers que cette reconnaissance peut être utile, parce qu'alors ses descendans peuvent avoir des droits dans la succession du père de l'enfant. Ainsi, un enfant naturel est mort, le père le reconnaît après sa mort; et alors les descendans de cet enfant viendront à la succession du père. Il y a ici le même motif de décider que dans le cas de légitimation d'un enfant naturel, mais seulement dans le cas où il a laissé des héritiers.

Si cet enfant naturel n'a pas laissé de descendans, quelle serait la conséquence de cette reconnaissance? d'attribuer au père qui aurait reconnu son enfant naturel, le droit de lui succéder, car l'enfant qui jusqu'alors n'aurait pas été reconnu, et qui n'aurait pas laissé de descendans, n'aurait pas de famille : or, il est de principe qu'on ne peut se créer de droit à soi-même : donc le père ne pourrait pas être admis dans ce cas à reconnaître son enfant.

Nous avons vu quelles étaient les formes et les conditions de la reconnaissance : nous avons dit que les enfans adultérins ou incestueux ne pouvaient pas être légitimés, nous allons voir qu'ils ne peuvent pas être légalement reconnus.

A moins qu'il n'y ait une preuve légale de paternité, cette paternité est incertaine. Qu'est-ce qu'une preuve légale? c'est la reconnaissance du père; or, il est constant que les enfans adultérins ou incestueux ne peuvent être légalement reconnus. Cependant la loi dit qu'ils pourront avoir droit de réclamer des alimens, et dans ce cas, pourquoi donc ne pas les reconnaître pour leur donner ce droit? Parce que la loi a pensé qu'il valait mieux laisser les faits scandaleux dans l'oubli plutôt que de les faire connaître, même pour les punir. Il eût peut-être mieux valu pour l'enfant qu'il pût être reconnu, mais la loi ne l'a pas voulu : le père peut abandonner son enfant incestueux ou adultérin. Cet enfant peut mourir de faim, cela est vrai, mais le père ne peut le reconnaître. Ainsi l'officier de l'état civil pourra refuser de recevoir la déclaration d'un homme qui viendrait reconnaître un enfant incestueux ou adultérin, parce qu'il ne doit pas prêter son ministère à une infraction de la loi. Dans les grandes villes, il pourra arriver que l'officier de l'état civil ne connaisse pas tout le monde, et alors le père de l'enfant dissimulera l'état adultérin ou incestueux de l'enfant qu'il fera inscrire sur les registres de l'état civil : l'acte de naissance pourra être dressé; mais plus tard il sera facile de prouver à cet enfant qu'il veut s'attribuer un droit qu'il ne peut avoir, en lui opposant l'acte de mariage de Paul et Sophie, tandis que son acte de naissance le qualifie d'enfant de Paul et Julie.

Cette fausse déclaration ne peut faire foi de la paternité ni de la maternité. Si le père, pour donner à l'enfant un droit que la loi lui refuse dans sa succession, fait en sa faveur une disposition par testament ou autrement, cette disposition peut-elle être annulée et peut-on soutenir que l'enfant n'a droit qu'à des alimens? La réponse est simple. Si la reconnaissance de l'enfant a eu lieu contrairement à la prohibition de la loi, cette reconnaissance n'est pas légale, et comme elle peut être contestée, on dira que le fait est faux, parce que s'il était vrai, il constituerait une paternité adultérine que la loi ne reconnaît pas. Le fait de la paternité est vrai ou faux : s'il est vrai, il tend à prouver un adultère que la loi repousse : s'il est faux, l'enfant n'a même pas droit à des alimens.

La loi a donc voulu qu'une semblable déclaration ne fît pas foi. Il faut être conséquent : si elle ne fait pas foi pour autoriser l'enfant à réclamer des alimens, elle ne fera pas foi non plus pour demander l'exécution du testament fait en sa faveur.

Si la reconnaissance fait foi contre le père qui l'a faite, elle ne peut faire foi de la maternité si la mère n'a pas fait la même déclaration. Ainsi on comprend que la déclaration du père sans l'aveu de la mère ne fasse foi qu'à l'égard du père seulement, parce que l'aveu ne peut pas nuire à des tiers : par la même raison, l'aveu de la mère ne peut établir la paternité. Mais pourquoi cette dernière disposition n'a-t-elle pas été inscrite dans la loi? Dans la première rédaction du projet, l'article 336, qui était alors l'article 23, était ainsi conçu : « La reconnais- « sance du père, si elle est désavouée par la « mère, sera de nul effet. » Cette disposition était toute différente. Il s'agissait alors de savoir si la déclaration de la mère pouvait combattre la déclaration de paternité faite par le père : on disait qu'il y avait nécessairement l'une des parties plus sûre que l'autre de la paternité. On doutait de savoir si la déclaration du père ne pouvait pas être désavouée par la mère. On a trouvé que ce serait aller trop loin. On a pensé qu'il ne fallait pas que l'aveu du père forçât la mère à avouer ses relations avec un autre que le père : que le père n'avait pas besoin d'indiquer la mère pour établir entre lui et l'enfant des rapports de filiation : on a pensé aussi qu'il ne fallait pas s'attacher à cette idée que la mère seule pouvait être sûre de la paternité, et on a substitué l'article 336 actuel à l'ancien article 23. Ainsi maintenant il est constant que la déclaration du père n'a pas besoin d'être corroborée par l'aveu de la mère ; le père peut déclarer sa paternité, sans être tenu d'indiquer la maternité, et quand bien même il indiquerait la maternité, il n'y a pas besoin de l'aveu de la mère pour établir les rapports qui existent entre le père et l'enfant.

A plus forte raison, si c'est la mère qui déclare le père, cette déclaration ne pourra faire foi de la paternité : c'est ainsi qu'on est parvenu à établir la disposition qui interdit la recherche de la paternité et de la maternité, excepté dans les cas prévus par la loi.

Nous avons dit qu'on ne pouvait ni légitimer, ni reconnaître un enfant adultérin. Peut-on re-